W0392527

Textes : **Élisabeth Andréani,**
Marie-Noëlle Pichard et **Josette Rousselet-Blanc**

Direction de la publication : Isabelle Jeuge-Maynart
et Ghislaine Stora

Direction éditoriale : Catherine Delprat

Édition : Clémence Thomas

Mise au point des textes : Élisabeth Andréani

Direction artistique : Emmanuel Chaspoul

Mise en pages : Sophie Compagne

Couverture : Véronique Laporte

Fabrication : Anne Raynaud

© Larousse 2012

ISBN : 978-2-03-585871-9

Toute reproduction ou représentation intégrale ou partielle, par quelque procédé que ce soit, du texte et/ou de la nomenclature contenus dans le présent ouvrage, et qui sont la propriété de l'Éditeur, est strictement interdite.

Les Éditions Larousse utilisent des papiers composés de fibres naturelles, renouvelables, recyclables et fabriquées à partir de bois issus de forêts qui adoptent un système d'aménagement durable. En outre, les Éditions Larousse attendent de leurs fournisseurs de papier qu'ils s'inscrivent dans une démarche de certification environnementale reconnue.

LES MINI LAROUSSE

Les 150 meilleurs trucs et astuces de grands-mères

LAROUSSE

21 rue du Montparnasse 75283 Paris Cedex 06

Sommaire

Ampoules

Les ampoules ressemblent à de petites brûlures. Un frottement répété qui échauffe la peau, une rougeur qui apparaît, et la couche supérieure de l'épiderme se décolle, formant une cloque remplie d'un liquide séreux.

DE LA PROPOLIS PURE

Malaxez à la main un fragment ou une tablette de propolis pure et appliquez directement sur l'ampoule. Une épaisseur de deux ou trois millimètres à peine est suffisante. La chaleur de votre pied maintiendra la propolis en place, aidée par un petit pansement et du sparadrap. Renouvelez tous les deux jours.

Vous hésiterez peut-être à appliquer de la propolis sur une ampoule si la cloque s'est percée et qu'il y a une petite plaie. Pas d'inquiétude, cette résine ne pourra que **favoriser la cicatrisation**. Dans ce cas, nettoyez juste la blessure avec un antiseptique avant de poser la propolis.

UNE PÂTE D'ARGILE

L'argile assèche le liquide séreux de l'ampoule grâce à son pouvoir absorbant. Sa fraîcheur soulage l'inconfort, ses minéraux et oligoéléments accélèrent la **cicatrisation** et régénèrent la peau. Recouvrez une cuillerée à café d'argile de la même quantité d'eau. Laissez reposer au moins une heure, au soleil si possible, pour obtenir une pâte souple et consistante. Appliquez une noix de pâte sur l'ampoule et couvrez d'une gaze ou d'un mouchoir en papier. Vous pouvez conserver ce cataplasme toute la nuit et le renouveler dans la journée.

DE L'ALUN SOLIDE OU DILUÉ

Faites comme les marins, trouvez de l'alun en poudre (minéral souvent utilisé comme antitranspirant) à diluer dans de l'eau et faites **tremper** les zones concernées. Si vous achetez une pierre d'alun, frictionnez les ampoules avec la pierre mouillée.

Aphtes

Les aphtes sont de petites ulcérations qui se forment sur la muqueuse buccale ou la langue. Ils apparaissent le plus souvent après avoir consommé certains aliments ou à cause de problèmes digestifs, de la prise de certains médicaments, d'une mauvaise hygiène bucco-dentaire, voire du stress.

TROIS PRÉPARATIONS AU BICARBONATE

- En bain de bouche : diluez une cuillerée à café de bicarbonate dans un verre d'eau tiède. Lavez-vous les dents (avec du dentifrice), puis faites un bain de bouche avec cette solution après chaque repas. On peut aussi y ajouter une goutte d'huile essentielle de sauge sclarée, qui désinfecte et soulage l'inflammation.
- En gargarisme : faites fondre un cachet d'aspirine effervescent à la vitamine C avec une cuillerée à café de bicarbonate dans un verre d'eau tiède, puis gargarisez-vous avec ce mélange. À pratiquer sans attendre, dès que l'on ressent les premiers picotements annonciateurs d'aphtes. Cette méthode est

déconseillée aux personnes allergiques à l'aspirine : en effet, lors d'un gargarisme, on avale toujours involontairement un peu du liquide utilisé.

• **En application :** préparez une pâte composée de bicarbonate et d'eau et posez-la directement sur l'aphte avec un coton-tige. Attention, ça pique un peu !

DE LA RÉGLISSE EN BÂTON

Un peu oubliée, la réglisse est cependant un excellent **cicatrisant**, reconnu dans la pharmacopée européenne. Vous pouvez en mâchouiller quelques bâtons, sans excès toutefois, car, prise sur de longues périodes, la réglisse élève la pression artérielle.

Brûlures d'estomac

Ces sensations peu agréables sont provoquées par des remontées d'acide chlorhydrique, produit par l'estomac, vers l'œsophage. Si le problème se reproduit trop souvent, mieux vaut consulter un médecin.

DU JUS DE CITRON PRESSÉ

Les acides naturels qu'il contient sont transformés par l'organisme et contribuent à **neutraliser les remontées d'acide chlorhydrique**. Buvez un jus de citron fraîchement pressé, dilué dans de l'eau, le matin à jeun. Faites de même au moment des douleurs et renouvelez, si nécessaire, une demi-heure après. Vous pouvez aussi prendre un citron pressé dans un peu d'eau après les repas, pour faciliter la digestion et prévenir les problèmes.

DU BICARBONATE À L'EAU

Tout comme le citron, le bicarbonate neutralise l'acide chlorhydrique. Diluez une demi-cuillerée à café de bicarbonate dans un verre d'eau tiède ou à température ambiante, puis avalez d'un trait.

DEUX MÉDICATIONS À L'ARGILE

L'argile agit comme un pansement sur la muqueuse de l'estomac et de l'intestin, ce qui apaise l'irritation. Elle élimine les toxines, régule l'acidité et absorbe les gaz de fermentation. En application externe, elle peut calmer contractions et douleurs.

• Pour calmer l'irritation de la muqueuse gastrique : la veille au soir, versez une cuillerée à café de kaolin (argile blanche) dans un verre d'eau. Le lendemain matin, buvez la préparation à jeun. Pendant la première semaine, prenez uniquement l'eau de surface, puis mélangez de plus en plus l'argile.

• En cas de crampe d'estomac : appliquez pendant trente minutes un cataplasme froid ou tiède d'argile illite verte sur le ventre, au moins deux heures avant ou après les repas. À pratiquer ponctuellement en cas de douleurs, ou une fois par jour pendant une à deux semaines si les crises sont fréquentes.

Cors et durillons

Ces zones cornées douloureuses se développent sur les orteils ou la plante des pieds, en général à la suite du port de chaussures trop étroites, qui appuient ou frottent toujours au même endroit.

DU CITRON POUR RAMOLLIR

• **En tranches** : la présence d'acide citrique aide à ramollir l'accumulation de peaux mortes, responsables des cors et œils-de-perdrix. Pour éviter d'utiliser un scalpel ou une lame de rasoir, avec lesquels vous risquez de vous blesser, appliquez le soir sur le cor **une tranche de citron**, maintenue par une bande de gaze. Enveloppez le tout de film étirable et gardez ce pansement pendant la nuit. Le matin, déposez une goutte d'huile essentielle de citron avec un coton-tige. Protégez la zone douloureuse avec un pansement spécial pendant la journée. Renouvelez jusqu'à disparition du cor.

• **En jus avec de l'aspirine** : faites fondre deux ou trois aspirines effervescentes dans un peu d'eau avec une cuillerée à soupe de jus de citron, de manière à former une **pâte consistante**. Appliquez-en une couche épaisse sur le durillon et maintenez-la en place avec un film étirable. **Enveloppez d'une serviette chaude** pendant vingt minutes pour activer l'action de l'acide salicylique (aspirine) et de l'acide citrique. Ensuite, frottez les peaux mortes ramollies avec une pierre ponce.

UN CATAPLASME À L'AIL

Parmi ses innombrables vertus, l'ail compte celle de soulager et de ramollir les cors et les durillons. Placez une gousse d'ail ou un cataplasme d'ail pilé sur les parties douloureuses et maintenez toute la nuit à l'aide d'un pansement.

Coups de soleil

Le coup de soleil est une brûlure plus ou moins superficielle de la peau, provoquée par les rayons ultraviolets (UV). Elle peut survenir assez rapidement si l'épiderme est sensible ou l'ensoleillement intense.

DU CITRON SUR UN GANT

Pressez le jus de trois citrons dans un demi-litre d'eau froide. Trempez une serviette ou un gant dans ce liquide et tamponnez doucement les zones atteintes. Laissez sécher sans essuyer.

DE LA TOMATE EN RONDELLES

Appliquez pendant une vingtaine de minutes une ou plusieurs rondelles de tomate sur le coup de soleil. La tomate soulage la douleur et empêche la peau de cloquer.

LE CITRON TACHE AU SOLEIL

Attention ! L'huile essentielle et le jus de citron [jaune ou vert] sont photosensibilisants. Il faut donc éviter de s'exposer au soleil pendant une douzaine d'heures, sous peine de voir apparaître des taches sur la peau.

UNE COUCHE DE YAOURT NATURE

Badigeonnez la zone sensible d'une couche épaisse de yaourt et laissez agir au moins un quart d'heure. Lavez à l'eau froide avec un savon surgras qui respecte l'hydratation de la peau. C'est un bon remède d'urgence si le coup de soleil est léger.

DES SACHETS DE THÉ FROIDS

Trempés au préalable dans de l'eau froide, les sachets de thé peuvent soulager la douleur en cas d'atteinte des paupières. Utilisez-les comme une compresse.

Démangeaisons

Elles sont banales, mais très agaçantes, et accompagnent souvent les dermites, l'urticaire ou encore l'eczéma. Les astuces suivantes conviennent à des problèmes légers.

DES RONDELLES DE CONCOMBRE

Très riche en vitamine C, cicatrisant, adoucissant, assainissant et astringent, le concombre n'a que des qualités. Appliquez-en des rondelles sur les démangeaisons en les maintenant avec une gaze. Au besoin, gardez-les toute la nuit.

UNE DÉCOCTION DE GÉRANIUM

Ajoutez dix feuilles de géranium (sauvage ou « des balcons ») dans un litre d'eau et faites bouillir longuement. Appliquez cette décoction en compresses quatre ou cinq fois par jour.

UN BAIN AU BICARBONATE

Plongez-vous dans un bain chaud additionné de bicarbonate de soude. Sous l'effet de la chaleur, les pores s'ouvrent et laissent pénétrer le bicarbonate, qui soulage.

DU CITRON ET DU MIEL

Mélangez huit gouttes d'huile essentielle de citron dans un quart de litre d'eau tiède, puis ajoutez une cuillerée à soupe de miel. Appliquez en compresses. Cela marche bien en cas d'eczéma.

DE L'ARGILE ET DE L'HUILE ESSENTIELLE

Appliquez de **minces cataplasmes froids** d'argile montmorillonite surfine (argile la plus efficace sur les plans thérapeutique et cosmétique) sur les zones concernées et laissez agir une heure. Vous pouvez également mélanger à l'argile un peu d'huile d'amande douce (ou de millepertuis) et une ou deux gouttes d'huile essentielle d'achillée millefeuille, de camomille et de géranium.

Diarrhées

Ces troubles occasionnels du transit sont provoqués par une infection bactérienne. Si les diarrhées se prolongent, sont accompagnées de fièvre ou si elles touchent une personne fragile (bébé ou personne âgée), il est indispensable de consulter un médecin.

BOIRE DU CITRON

Ce fruit a des propriétés astringentes et désinfectantes qui peuvent agir à titre préventif et curatif.

- **Dès les premiers symptômes :** versez le jus de deux citrons verts dans un verre d'eau gazeuse, de préférence à forte teneur en bicarbonate de sodium, bénéfique pour ce type de problèmes. Buvez en une seule fois.
- **En cas de crise :** buvez, de trois à cinq fois par jour, un verre d'eau minérale contenant le jus d'un citron. Cette boisson **réhydrate** et facilite l'élimination des agents pathogènes.

DE L'ARGILE TRÈS DILUÉE

Laissez reposer, pendant deux heures, deux cuillerées à soupe rases de kaolin ultra-ventilé (argile blanche) dans un litre d'eau. Buvez ensuite ce liquide, à raison de deux ou trois verres par jour, en ne prenant que l'eau de surface. La prise d'argile par voie interne doit se faire **avec modération**. À haute dose, elle durcit la muqueuse intestinale et peut empêcher la bonne assimilation des nutriments.

UNE PURÉE DE CAROTTES

La carotte combat bien la diarrhée, car elle contient de la pectine et des mucilages. De plus, elle permet de récupérer les sels minéraux éliminés par de fréquents passages aux toilettes. Mangez-la sous la forme d'une **purée très cuite**.

Fatigue

Les causes de la fatigue sont variées, mais on les attribue principalement aux soucis personnels ou professionnels, aux affections psychiques et aux pathologies infectieuses. Si vous êtes concerné, [ré]agissez !

DES BOULES DE POLLEN

Le matin à jeun ou bien au cours d'un repas, mâchez des boules de pollen, seules ou mélangées avec du miel ou du yaourt. Vous pouvez également les diluer dans de l'eau ou du lait et ajouter ensuite un peu de miel. Une **cure antifatigue** à base de pollen dure de un à trois mois. Une dose de 15 à 30 mg par jour suffit pour un adulte.

DES CONTRE-INDICATIONS AU POLLEN ?

Une personne allergique au pollen peut tout à fait en ingérer. Il n'existe qu'une seule contre-indication à l'ingestion de pollen : l'insuffisance rénale.

DU CITRON AU LEVER

Riche en vitamine C, le citron contient également de nombreux minéraux et oligoéléments. Pour recharger vos batteries, buvez un jus de citron le matin dans un peu d'eau tiède, additionné éventuellement d'une cuillerée à café de miel. Ce cocktail donne un **coup de fouet** salutaire pour affronter la journée.

DE L'EAU VINAIGRÉE

Versez une cuillerée à café de vinaigre de cidre dans une tasse d'eau chaude. Buvez cette eau vinaigrée avant le coucher ou trois fois par jour avant les repas.

Mauvaise haleine

On ne prend le plus souvent conscience de sa mauvaise haleine que par la réaction de l'entourage. Elle est en général occasionnelle et correspond alors à la consommation d'aliments à odeur forte (ail, oignon, fromage, etc.). Mais une mauvaise haleine peut aussi cacher d'autres problèmes, notamment une inflammation des gencives.

MANGER DU YAOURT

C'est le seul aliment « vivant » (car il contient des micro-organismes vivants) qui soit disponible dans les magasins. Il aide à lutter contre les mauvaises bactéries, en les détruisant, et réduit les risques de libérer des gaz et autres odeurs désagréables.

TRAITER AU BICARBONATE

Le bicarbonate neutralise les mauvaises odeurs à la source, en empêchant la prolifération des bactéries qui en sont responsables. Ce traitement agit donc à titre **préventif et curatif.** Préparez un bain de bouche en diluant dans un verre d'eau tiède une cuillerée à café de bicarbonate et une goutte d'huile essentielle de citron (antiseptique), de menthe poivrée (rafraîchissante et digestive) ou d'arbre à thé (antiseptique).

SE RINCER AU JUS DE CITRON

Le citron a des vertus antibactériennes. Rincez-vous la bouche avec un jus de citron dilué dans un verre d'eau.

MÂCHER DU PERSIL

Cette herbe rafraîchit l'haleine, car la chlorophylle qu'elle contient, entre autres propriétés, absorbe les odeurs buccales. Mâchez-en souvent !

Maux de tête

Pour un mal de tête ou même une migraine occasionnels, certains remèdes naturels peuvent avoir un effet apaisant. En revanche, des symptômes chroniques ou trop intenses doivent pousser à consulter un médecin.

DES COMPRESSES DE CITRON

Cet agrume calme et décongestionne l'inflammation des vaisseaux et des nerfs, souvent responsables des maux de tête. Posez **directement sur le front**, les tempes ou la nuque des rondelles de citron ou des compresses trempées dans du jus.

DES HUILES ESSENTIELLES

Vous pouvez masser les zones douloureuses ou contractées avec deux gouttes d'huile essentielle de **citron**, de **lavande** et de **menthe poivrée**, le tout dilué dans une cuillerée à soupe d'huile d'amande douce. Vous pouvez également verser ces huiles dans un demi-verre d'eau fraîche pour y tremper des compresses.

JUSTE DE L'EAU CHAUDE

L'eau bien chaude entraîne une dilatation des vaisseaux, qui favorise une **meilleure circulation** dans l'ensemble du système veineux. Plongez les mains dans l'eau chaude jusqu'aux poignets pendant un assez long moment (l'idéal serait une demi-heure). Vous pouvez aussi prendre un bon bain chaud, synonyme de détente et de relaxation.

DE L'OIGNON SUR LE FRONT

Faites ramollir deux oignons dans de l'eau bouillante. Laissez tiédir, puis posez sur votre front quelques couches d'oignons que vous maintiendrez avec une bande de gaze. Si vous en avez le courage, laissez agir toute la nuit.

Parasites intestinaux

L'oxyure est le parasite intestinal le plus fréquent en France. Ce petit ver blanc prospère dans le sol, et les enfants sont donc très facilement infectés lorsqu'ils jouent dans la terre. Le parasite s'incruste sous les ongles et pénètre dans le système digestif quand on porte les mains à la bouche.

MIEL ET HUILES ESSENTIELLES

Dans un quart de litre d'eau chaude, mais pas bouillante, laissez fondre une cuillerée à soupe de miel. Ajoutez un jus de citron et deux gouttes d'huile essentielle de **citron** ou de **mandarine**. Buvez le matin à jeun pendant dix à quinze jours afin d'éliminer les vers, les œufs et les larves.

ZESTES OU CITRON ENTIER

Les propriétés anti-parasitaires et dépuratives du citron se révèlent très efficaces dans ce type de situation. Le traitement doit être poursuivi pendant dix à quinze jours.

- **En zestes :** râpez le zeste d'un citron non traité dans une cuillerée à café de miel ou de confiture (selon la préférence) et prenez ce mélange tous les matins à jeun pendant seize jours.
- **En décoction :** mixez un citron entier (écorce, pulpe et pépins), laissez macérer deux heures dans un verre d'eau tiède avec une cuillerée à café de miel de lavande ou de citronnier. Filtrez, en pressant bien le tout dans une passoire à thé, et buvez le soir au coucher.

BON À SAVOIR

L'entourage peut facilement être contaminé par les oxyures. Il convient de laver le linge de corps, les draps et les serviettes à plus de 60 °C.

Piqûres d'insectes

Les moustiques sont, sans conteste, les ennemis avérés des douces soirées d'été et des nuits tranquilles. Les abeilles, guêpes, taons, frelons sévissent moins fréquemment, mais n'en sont pas moins gênants et peuvent s'avérer dangereux pour les personnes allergiques.

MÉLANGES AU BICARBONATE

Le bicarbonate soulage les démangeaisons et les sensations de brûlure en agissant sur les substances irritantes ou urticantes. Mélangez trois cuillerées à café de bicarbonate et autant de vinaigre. Appliquez cette pâte le plus rapidement possible sur la peau et laissez agir jusqu'à ce que la douleur ou l'irritation se soit calmée.

UNE RONDELLE DE CITRON

Posez une rondelle de citron directement sur la piqûre jusqu'à ce que la douleur ou la démangeaison se calme.

DU VINAIGRE DE CIDRE

Imbibez un coton de vinaigre de cidre pur et placez-le à l'endroit de la piqûre. Maintenez avec un sparadrap jusqu'à ce que ne subsiste plus qu'une légère irritation.

UNE FLEUR DE GÉRANIUM

Si vous avez un pied de géranium des jardins, écrasez délicatement une fleur entre vos doigts. Appliquez-la sur la piqûre, cela calmera instantanément la douleur. Cette astuce est surtout efficace contre les attaques des moustiques.

UN BRIN DE PERSIL FRAIS

Pour apaiser une piqûre de moustique, vous pouvez également frotter des brins de persil frais sur le bouton, pendant quelques secondes, et laisser agir à l'air libre.

Rhume

Une fois déclaré, le rhume se caractérise par des symptômes bien connus : écoulements nasaux ou nez bouché, éternuements, toux, maux de tête et de gorge, éventuellement fièvre.

DU CITRON POUR SE SENTIR MIEUX

• **Pour apaiser la gorge :** buvez toutes les deux heures un jus de citron, mélangé à un demi-verre d'eau tiède. Une fois la gorge apaisée, et jusqu'à la disparition complète des symptômes, continuez à prendre des jus de citron chauds ou tièdes avec du miel, ils vous garantiront un apport quotidien en vitamine C.

• **Pour dégager le nez :** mélangez une cuillerée à soupe de jus de citron et une pincée de sel fin dans un peu d'eau tiède. Aspirez ce mélange par une narine, renversez la tête en arrière et attendez un peu avant de vous moucher ; faites de même avec l'autre narine. Le citron **désinfecte et décongestionne** les fosses nasales. Ce remède vaut aussi pour les sinusites.

DU BICARBONATE POUR NETTOYER

Pour dégager des sinus encombrés, diluez une cuillerée à café de bicarbonate et une demi-cuillerée de sel fin dans un verre d'eau bouillie. Transvasez dans un flacon muni d'un compte-gouttes et nettoyez vos narines plusieurs fois par jour avec cette solution. Cette préparation stoppe la prolifération des bactéries. Vous pouvez également alterner avec des dosettes de sérum physiologique.

DU VINAIGRE À INHALER OU AVALER

Pour soulager votre nez, ajoutez deux cuillerées à soupe de vinaigre dans un bol d'eau bouillante et inhalez les vapeurs, une serviette sur la tête, pendant cinq minutes. Autre solution, faites rouler quelques secondes sous la langue une cuillerée à café de vinaigre de cidre et avalez.

Stress

Comme la fatigue, c'est un mal universel. Stress et fatigue vont d'ailleurs souvent de pair. Les remèdes naturels suivants vous permettront de vous détendre.

UNE INFUSION D'ANIS VERT

Laissez infuser dix minutes une cuillerée à café d'anis vert par tasse d'eau bouillante. Buvez-en une tasse après chaque repas.

DE LA TISANE DE PASSIFLORE

Comptez une cuillerée à café de passiflore par tasse, faites bouillir, laissez infuser dix minutes et buvez-en trois tasses par jour.

UNE TISANE DE GUI

Par tasse, mettez une ou deux pincées de feuilles de gui coupées, faites bouillir et laissez infuser dix minutes. Prenez-en deux tasses par jour entre les repas. Le gui, que l'on trouve souvent en forêt sur les chênes, pommiers et peupliers, reste vert toute l'année.

UN BAIN À LA LAVANDE

La lavande est idéale pour éliminer le stress. Pesez 60 g de fleurs de lavande séchées et faites-les macérer à feu doux dans un litre d'eau pendant au moins une demi-heure. Filtrez et ajoutez cette eau de lavande dans le bain.

UNE INFUSION AU BASILIC

Versez de l'eau bouillante sur des feuilles de basilic. Laissez infuser dix minutes et buvez.

UNE TISANE D'ORANGE

Prévoyez une cuillerée à café d'écorce d'orange coupée par tasse, faites bouillir et laissez infuser dix minutes. Prenez-en trois tasses par jour.

Toux

La toux est une manifestation très fréquente des infections des voies respiratoires, mais elle accompagne de nombreuses autres maladies. Elle est généralement utile, car elle permet d'évacuer les sécrétions des bronches. Mieux vaut chercher à traiter la cause de la toux que la toux elle-même. Certains remèdes naturels sont néanmoins efficaces pour soulager une toux sèche.

DU CITRON CHAUD

Pour calmer l'irritation des bronches et la toux, mélangez dans une tasse d'eau chaude un jus de citron et une cuillerée à soupe de miel. À prendre plusieurs fois par jour en buvant lentement par petites gorgées.

DU SIROP D'OIGNON À LA CUILLÈRE

Faites cuire deux gros oignons hachés en les recouvrant d'eau. Mixez-les et ajoutez cinq cuillerées à soupe de miel. Prenez une cuillerée à soupe de ce sirop toutes les heures.

UNE INFUSION DE PLANTES

Vous pouvez alterner les remèdes précédents avec une infusion expectorante et antibactérienne. Laissez infuser cinq minutes, dans un quart de litre d'eau bouillante, une cuillerée à café de racine de **réglisse** en poudre et une cuillerée de **thym**, complétées d'une cuillerée de miel et d'un jus de citron. Buvez une tasse de cette tisane trois fois par jour.

DU MIEL EN ABONDANCE

Pour atténuer temporairement la gêne, usez et abusez du miel, et n'hésitez pas à en prendre 100 g par jour, soit environ trois ou quatre cuillerées à soupe rases (six ou sept cuillerées à café bien pleines). Les effets seront d'autant plus bénéfiques que vous savourerez cette dose **en petites quantités**, réparties dans la journée. Les miels de montagne, de sapin, de lavande ou d'eucalyptus seraient les plus efficaces.

Verrues

Les verrues sont d'origine virale.
Rarement douloureuses, elles sont toutefois gênantes et inesthétiques.

DE LA PÂTE DE BICARBONATE

Étalez sur l'excroissance une pâte liquide composée d'une cuillerée à café de bicarbonate pour deux cuillerées d'eau de source. Protégez au besoin avec une compresse stérile et laissez agir une heure, rincez et essuyez. Renouvelez jusqu'à disparition de la verrue. Cette méthode est plus efficace sur les verrues d'apparition récente.

UN ZESTE OU UNE HUILE ESSENTIELLE DE CITRON

Le citron a des propriétés désinfectantes et antivirales. Remplissez un bocal d'un quart de litre de vinaigre blanc et laissez-y macérer, pendant trois jours, les zestes d'un citron. Le soir avant de vous coucher, découpez un zeste de la taille de la verrue. Renouvelez le traitement dans la journée. Déposez une goutte d'huile essentielle de citron sur la tête de la verrue et protégez avec un pansement. Répétez l'opération jusqu'à disparition du problème.

DU SUC DE CHÉLIDOINE

Le suc jaune de cette plante, riche en alcaloïdes légèrement toxiques, a la capacité de détruire les cors et les verrues. Une application quotidienne est néanmoins nécessaire.

UN PANSEMENT À L'OIGNON

Coupez un oignon en deux et réalisez un pansement avec l'une des moitiés que vous laissez en place pendant la nuit.

DU JUS DE CHOU-FLEUR

Appliquez chaque jour un peu de jus de chou-fleur sur la verrue jusqu'à ce qu'elle disparaisse. Pour obtenir ce jus, faites bouillir un chou-fleur, puis filtrez le liquide de cuisson.

Acné

Davantage présente sur les peaux grasses, l'acné est le cauchemar chronique de l'adolescence, mais pas seulement. Le problème peut aussi survenir plus tard, du fait de changements hormonaux ou lors de la prise de certains médicaments.

UNE EAU AU MIEL ET AU CITRON

Dans un demi-litre d'eau bouillie tiède, diluez une cuillerée à soupe de miel liquide et un jus de citron. Imbibez un coton de cette lotion et nettoyez en tamponnant, sans frotter. Renouvelez le soin matin et soir.

UNE SOLUTION AU BICARBONATE

Diluez une cuillerée à café de bicarbonate dans un demi-litre d'eau de source, tiède ou à température ambiante. Appliquez cette solution à plusieurs reprises, **sans frotter**, avec un coton ou un disque à démaquiller. Essuyez en tapotant avec un mouchoir en papier pour empêcher la propagation des germes. Ce traitement apaise l'irritation et limite l'infection.

Pour un meilleur résulat, renouvelez matin et soir. Lavez-vous les mains après le soin et évitez de triturer les boutons.

MASQUE ET PÂTE À L'ARGILE

L'argile absorbe le sébum, les impuretés et le pus, elle élimine les bactéries et favorise la cicatrisation.

- **Sur la totalité du visage** : faites un masque une à deux fois par semaine, en plus de vos soins quotidiens. Appliquez de l'argile surfine sur une peau propre et légèrement humide et ne la laissez pas sécher, car elle vous irriterait, perdrait ses propriétés et deviendrait plus difficile à retirer.
- **Sur un bouton isolé ou plus enflammé** : déposez une noisette de pâte d'argile avec une goutte d'huile essentielle de citron ou de lavande, protégez par une compresse et laissez en place une ou deux heures.

Cheveux abîmés

Le shampoing de synthèse est une invention relativement récente puisqu'elle date des années 1930. Aujourd'hui, il existe quantité de shampoings de plus en plus spécialisés. Leurs défauts ? Ils contiennent des agents nettoyants agressifs, qui sont souvent à l'origine d'allergies.

BICARBONATE POUR SE LAVER

Le bicarbonate donne de la texture et du gonflant aux cheveux fins. Il permet d'éviter les lavages trop fréquents qui agressent le cuir chevelu. Il absorbe l'excès de sébum et élimine les odeurs.

• **Sans eau et sans shampoing :** mélangez en quantité égale du bicarbonate et du talc non parfumé dans une saupoudreuse à sucre. Le talc renforce l'action absorbante du bicarbonate. Répartissez sur la chevelure, massez pour faire pénétrer, laissez agir cinq minutes et brossez énergiquement jusqu'à disparition totale de la poudre.

• **Pour compléter votre shampoing :** en rajoutant une pincée de bicarbonate à votre shampoing habituel, vous augmentez son pouvoir lavant et vous éliminez les résidus de produits coiffants (laque, gel, etc.). Versez une bonne pincée de poudre dans le creux de votre main, ajoutez une noisette de shampoing, diluez avec un peu d'eau, répartissez sur le crâne après avoir mouillé les cheveux. Évitez de mettre le shampoing sur les longueurs et les pointes, cela dessèche la fibre capillaire.

BICARBONATE, VINAIGRE OU CITRON POUR SE RINCER

Lors du rinçage, après avoir lavé vos cheveux, diluez une cuillerée à café de bicarbonate dans un litre d'eau tiède. Vous éliminerez le calcaire comme les traces de produits nettoyants et coiffants. Si vous avez déjà ajouté du bicarbonate à votre shampoing, servez-vous plutôt pour le rinçage de vinaigre de cidre ou de jus de citron (de une à deux cuillerées à soupe par litre d'eau).

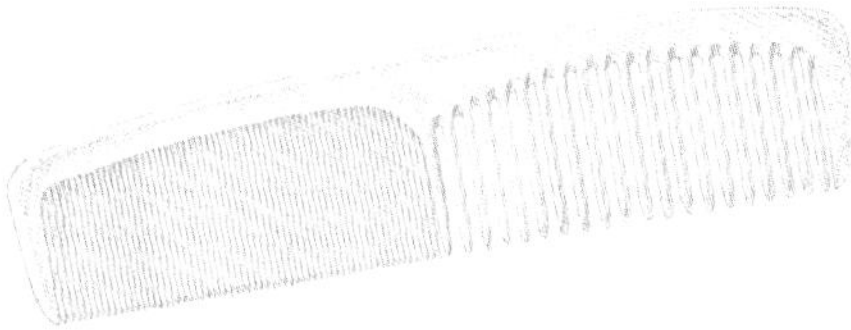

Cheveux gras

Vous avez des cheveux luisants, lourds, collés sur le crâne, alors que vous les avez lavés la veille ? Le stress, une grosse fatigue, une dépression, la pollution, certains médicaments (antibiotiques, barbituriques, diurétiques, pilule) figurent parmi les causes possibles. Essayez les produits naturels !

UN SHAMPOING À L'IRIS...

Brossez vos cheveux la tête en bas. Appliquez 200 g de poudre d'iris (en vente dans les herboristeries) sur les racines. Relevez la tête et répartissez la poudre sur le reste du cuir chevelu. Laissez reposer un quart d'heure et éliminez la poudre en brossant. Vos cheveux seront propres et gonflants.

... OU AUX HUILES ESSENTIELLES

Les huiles essentielles d'orange, de lavande ou de sauge sont antiseptiques et toniques. À mettre dans le shampoing à raison de trois ou quatre gouttes par lavage.

UN MASQUE À L'ARGILE

Une ou deux fois par semaine, mélangez quatre ou cinq cuillerées à soupe d'argile, autant d'eau, une demi-cuillerée à café de sel marin, huit gouttes d'huile essentielle de **romarin** et autant de **cyprès** (ou citron). Étalez cette pâte sur la tête en évitant les longueurs et laissez agir vingt minutes. Rincez à l'eau tiède et faites un shampoing doux.

UNE LOTION À L'ORTIE…

L'ortie est riche en sels minéraux et en oligoéléments. Faites bouillir 100 g de racines de cette plante dans un litre d'eau pendant dix minutes, puis laissez infuser. Appliquez cette lotion en frictions quotidiennes.

… OU AU CITRON

Mélangez le jus de deux citrons à un litre d'eau, frictionnez le cuir chevelu et rincez.

Cheveux secs

L'assèchement du cuir chevelu est dû à l'absence du film hydrolipidique (mélange de sueur et de sébum), qui recouvre l'ensemble des cheveux. Dès lors, le cheveu n'est plus ni hydraté ni protégé, et il devient rêche et terne.

DU SHAMPOING AU GERME DE BLÉ

Vous pouvez utiliser telle quelle l'huile de germe de blé en l'appliquant **raie par raie**, avant de masser pour favoriser son action. Après quelques instants, émulsionnez avec un peu d'eau et rincez soigneusement.

DU SHAMPOING À L'ŒUF

Selon la longueur des cheveux, mélangez un ou deux œufs battus à une cuillerée à café d'huile d'olive. Appliquez **en massant**, laissez reposer un quart d'heure, puis rincez abondamment.

UN MASQUE À L'AVOCAT

Écrasez la pulpe d'un avocat et ajoutez un jaune d'œuf. Mélangez bien et appliquez cette pâte sur les cheveux. Sous un bonnet de douche (ou un sac plastique), laissez agir au moins une demi-heure. Lavez-vous ensuite les cheveux normalement. Ils seront peut-être difficiles à démêler, mais, une fois secs, c'est un bonheur.

UNE APPLICATION D'HUILE D'OLIVE

Répartissez de l'huile d'olive en quantité nécessaire sur les cheveux, **en insistant bien sur les pointes**, et non sur le cuir chevelu. Entourez ensuite votre tête d'une serviette chaude et laissez reposer au moins trente minutes, plus si vous avez le temps.

Mains et ongles abîmés

Les mains sont souvent exposées aux gerçures et autres bobos du fait de la multitude de tâches qu'elles accomplissent chaque jour. Les ongles paraissent plus résistants, mais ils sont constitués en majeure partie de kératine, comme les cheveux. Qu'ils soient jaunis, mous ou cassants, leur état est le reflet d'agressions externes ou de certaines carences en vitamines.

DU MIEL POUR ADOUCIR LES MAINS

Si vos mains sont gercées par le froid ou l'eau, rien ne vaut un cataplasme réparateur et adoucissant. Mélangez une cuillerée à café de jus de citron, une cuillerée à café d'huile d'olive et une cuillerée à soupe de miel liquide. Étalez sur les mains, laissez agir vingt minutes et rincez à l'eau tiède.

PETITE MANUCURE AU CITRON

Pour fortifier vos ongles, faites-les tremper tous les jours dans du jus de citron pendant une dizaine de minutes. Vous pourrez aussi en profiter pour effectuer une vraie manucure, en passant un petit morceau d'écorce avec sa pulpe sous la partie supérieure de l'ongle, afin de le blanchir.

DE L'HUILE D'OLIVE POUR LES ONGLES

Vous avez les ongles secs et cassants ? Massez-les tous les jours avec une cuillerée à café d'huile d'olive et autant de jus de citron, en insistant sur la cuticule et la base de l'ongle. L'idéal est de pratiquer ce soin le soir et de mettre des gants pour que le mélange pénètre bien pendant la nuit.

Paupières gonflées

La peau autour des yeux est cinq fois plus fine que sur le reste du corps. Dans cette zone fragile, la rétention d'eau est fréquente, d'où le gonflement des paupières, supérieures et inférieures. Avant de courir chez le chirurgien, essayez quelques remèdes simples.

DES SACHETS DE THÉ OU DE CAMOMILLE

Mouillez deux sachets de thé ou de camomille dans de l'eau tiède. Laissez-les ensuite refroidir et appliquez-les sur les yeux pendant cinq minutes.

DES RONDELLES DE CONCOMBRE

Posez des rondelles fraîches de concombre sur vos yeux pour les décongestionner.

UN GLAÇON, TOUT SIMPLEMENT

Vous pouvez aussi mettre sur vos yeux un simple glaçon, protégé par un linge propre afin de ne pas irriter la peau.

DES COMPRESSES DE LAVANDE

Versez un quart de tasse d'eau et quelques gouttes d'huile essentielle de lavande dans un bol. Appliquez des compresses trempées dans ce mélange sur vos yeux. La lavande **décongestionne** et **apaise**. Vous pouvez également utiliser directement de l'eau florale de lavande.

UNE POMME DE TERRE RÂPÉE

Épluchez et râpez une pomme de terre crue. Mettez le tout dans une gaze que vous placez au réfrigérateur. Une fois que la préparation est bien rafraîchie, posez la gaze sur les paupières pendant dix minutes.

Pellicules

Les pellicules sont désagréables et perturbent souvent l'image de soi. Elles résultent d'une desquamation excessive du cuir chevelu. Normalement, elles devraient s'éliminer périodiquement, mais ce n'est pas toujours le cas.

SHAMPOING ET HUILE DE JOJOBA

Prenez l'habitude d'ajouter quelques gouttes d'huile de jojoba pure dans votre dose de shampoing. Ce n'est pas la panacée, mais à la longue, les pellicules disparaissent.

QUELQUES HUILES ESSENTIELLES

Vous pouvez inclure dix à quinze gouttes d'huile essentielle de lavande, de genièvre ou de bois de rose dans votre shampoing. Si vous optez plutôt pour l'huile essentielle d'eucalyptus ou de géranium, ne mettez pas plus de deux ou trois gouttes.

DU CITRON ET DE L'HUILE DE COCO

Mélangez deux cuillerées à café d'huile de coco et une cuillerée à café de jus de citron. Vous pouvez aussi utiliser du jus de citron seul. Massez bien la racine des cheveux, laissez agir cinq minutes, puis rincez et lavez vos cheveux.

UN MASSAGE AU MIEL...

Diluez dans une tasse d'eau chaude une cuillerée à café de miel. Massez le cuir chevelu avec ce mélange chaque fois que vous vous lavez les cheveux.

... OU AU VINAIGRE

Massez-vous les cheveux avec du vinaigre de cidre pur. Laissez agir au moins une demi-heure, mais de préférence une heure, avant de les laver.

UNE FRICTION AU SEL

Répartissez deux cuillerées à soupe de sel sur le crâne et les cheveux, lavés et légèrement essorés. Massez de trois à cinq minutes, patientez dix minutes, puis rincez longuement à l'eau tiède.

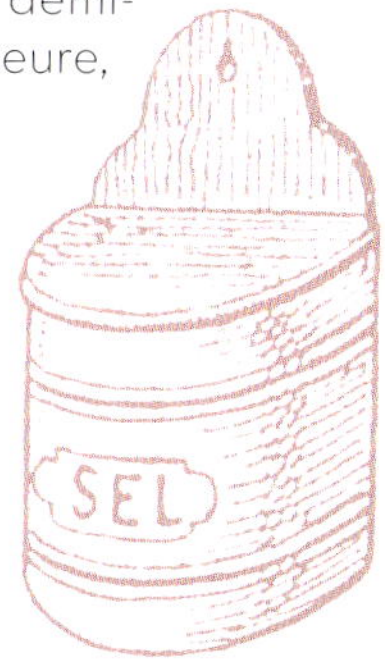

Pieds fatigués

Nos pieds méritent des soins tout au long de l'année, et pas seulement pendant les mois d'été, quand ils sont découverts dans de jolies sandales.

HUILES ET ARGILE BLANCHE POUR ADOUCIR

Dans une grande bassine d'eau froide ou tiède, versez quatre cuillerées à soupe d'argile blanche (kaolin) et une cuillerée à café d'huile de germe de blé. Ajoutez deux gouttes d'huile essentielle de **lavande fine** et autant de **palmarosa**, diluées dans un peu de lait. Mélangez bien et trempez vos pieds dans l'eau de quinze à vingt minutes.

UN GOMMAGE AU SON ET AU KAOLIN

Profitez de la sortie du bain, moment où la peau est amollie, pour pratiquer un gommage. Préparez une pâte avec deux cuillerées à soupe de kaolin (**argile blanche**), autant d'eau, une cuillerée à soupe de son d'avoine ou de blé, une cuillerée à café d'huile végétale (amande douce, olive, noyau d'abricot, etc.). Massez vos pieds humides avec ce mélange, en insistant sur les **parties cornées**, les éventuels durillons et le contour des ongles. Rincez à l'eau tiède et terminez par une crème hydratante.

SEL ET ARGILE ROUGE CONTRE LA FATIGUE

Pour décongestionner et détendre vos pieds, versez dans une grande bassine d'eau chaude quatre cuillerées à soupe d'argile rouge, une cuillerée à soupe de gros sel marin et une cuillerée à café d'huile d'amande douce. Laissez reposer le temps que l'eau tiédisse, puis ajoutez deux gouttes d'huile essentielle de cyprès et autant de menthe poivrée, incorporées dans un peu de lait. Trempez vos pieds dans ce bain reposant durant près de vingt minutes.

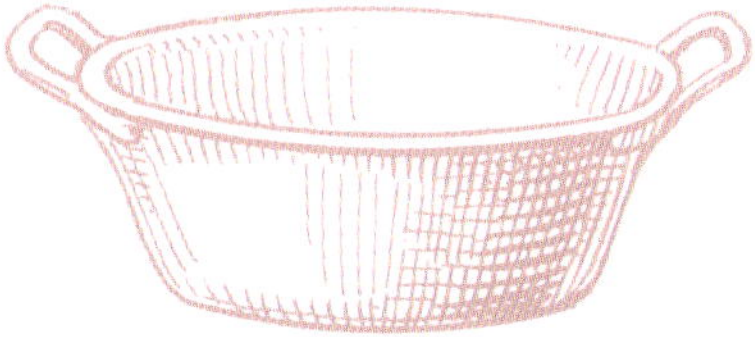

Rides

Elles peuvent donner de la personnalité à un visage, mais la plupart des femmes s'en passeraient volontiers. Les méthodes naturelles suivantes valent la peine d'être testées.

DE LA POMME ET DU LAIT

Plongez une pomme coupée en morceaux dans un quart de litre de lait que vous portez à ébullition. Écrasez les morceaux de pomme et appliquez la pulpe tiède sur le visage. Laissez agir un quart d'heure. Rincez à l'eau tiède.

DE L'AVOINE… ET TOUJOURS DU LAIT

Mélangez cinq ou six cuillerées à soupe de farine d'avoine à 5 cl de lait entier. Étalez sur votre peau et gardez ce masque pendant quinze minutes. Rincez à l'eau tiède.

UN MASQUE À LA BANANE

Écrasez un quart de banane jusqu'à ce qu'elle devienne très crémeuse. Étalez et laissez agir de quinze à vingt minutes avant de rincer à l'eau tiède.

DES HUILES D'ARGAN ET D'AMANDE

Sur un visage bien nettoyé, appliquez un mélange à parts égales d'huile d'argan et d'huile d'amande douce. Vous pouvez aussi utiliser seulement de l'huile d'argan.

DE L'HUILE D'OLIVE CITRONNÉE

Massez-vous le visage avec de l'huile d'olive, mélangée à du jus de citron, de préférence le soir, deux fois par semaine.

UN MASQUE AU BLANC D'ŒUF

Battez un blanc d'œuf en neige. Appliquez sur le visage et laissez reposer vingt minutes. Rincez à l'eau tiède.

Taches de vieillesse

Malgré un visage encore relativement frais, les taches présentes sur les mains trahissent l'âge. Les remèdes ne sont pas nombreux, mais ils existent et sont plutôt efficaces s'ils sont pratiqués régulièrement : à défaut de disparaître, les taches s'atténuent.

APPLIQUER DE L'HUILE D'ARGAN

L'huile d'argan est recommandée pour atténuer les taches de vieillesse. Appliquée chaque jour, elle les éclaircit.

SE MASSER AU JUS DE CITRON

Massez vos mains chaque jour avec le jus d'un citron. Passez ensuite une crème hydratante et, surtout, n'exposez pas vos mains au soleil. Le jus des agrumes est en effet **photosensibilisant**. Appliqué sur la peau, il réagit aux ultraviolets en créant des marques sombres et indélébiles. Ce qui irait, avouons-le, à l'opposé de l'effet esperé !

SE FROTTER AVEC DE L'OIGNON

Passez quotidiennement sur vos mains une rondelle d'oignon cru, trempée dans du vinaigre de cidre.

PROFITER DES BIENFAITS DU BOULEAU

Pour prévenir l'apparition des taches, faites mijoter des feuilles et de l'écorce de bouleau pendant au moins dix minutes, puis laissez mariner un quart d'heure hors du feu. Frottez vos mains avec la lotion que vous avez ainsi obtenue.

Teint terne

La perfection du teint dépend d'un bon nombre de facteurs que nous maîtrisons plus ou moins : l'acné, les boutons ou la couperose d'une part, la nature de la peau et la bonne tenue du maquillage d'autre part. Vous l'auriez deviné, le citron peut répondre à des défis aussi divers !

PURIFIER L'ORGANISME

Buvez un citron pressé dans un peu d'eau tiède, à jeun, de préférence une demi-heure avant le petit-déjeuner, pendant trois semaines. Cette cure purifie l'organisme, éclaircit le teint et recharge le corps en vitamines, minéraux et flavonoïdes. Les cellules de la peau vont profiter, comme les autres, de ce coup de fouet.

ATTÉNUER LA COUPEROSE

• **Prévenir les rougeurs :** le citron contient quantité de substances qui aident à préserver l'élasticité des vaisseaux et à renforcer leurs parois. La cure de citron pressé présentée dans le paragraphe précédent est donc aussi adaptée à la couperose.

• **Atténuer les marques :** diluez six gouttes d'huile essentielle de citron, six gouttes de géranium et six gouttes de cyprès dans 20 ml d'huile végétale de calophylle. Massez votre visage, matin et soir, avec un peu de ce mélange, puis armez-vous de patience, car il faut au moins un mois avant de constater un début de résultat.

TRAITER LA DARTRE

La dartre se traduit par une légère desquamation de la peau, qui apparaît souvent sur le visage et blanchit au soleil. Cette affection bénigne, mais gênante, s'élimine parfaitement en humectant tous les jours la zone concernée avec un coton trempé dans du jus de citron. Traitez le soir ou évitez de vous exposer au soleil pendant douze heures.

Transpiration

Préférer les solutions naturelles, et notamment le bicarbonate, aux déodorants vendus dans le commerce n'est pas seulement une question d'économie, mais aussi de santé. Les produits industriels contiennent des sels d'aluminium dont l'innocuité est sérieusement mise en doute.

UN GALET AU BICARBONATE

Le bicarbonate limite la prolifération bactérienne, responsable des effluves gênants, et absorbe en partie la transpiration, sans toutefois l'empêcher. Mélangez une cuillerée à soupe de bicarbonate (alimentaire), une cuillerée à soupe de fécule de pomme de terre ou de maïs (pour servir de liant), deux gouttes d'huile essentielle de sauge sclarée et un peu d'eau tiède, de manière à obtenir une **pâte homogène**. Façonnez une boule aplatie et laissez-la sécher.

Il vous suffira de passer ce « galet » sur vos aisselles ou vos pieds humidifiés pour neutraliser les odeurs de transpiration.

DE L'ARGILE BLANCHE EN POUDRE

L'argile absorbant odeur et humidité, elle constitue un excellent déodorant et antitranspirant pour les pieds et les aisselles. Saupoudrez les zones concernées avec du kaolin surfin ou ultra-ventilé, vous serez protégé pour la journée, sans produits chimiques !

UN SPRAY FAIT MAISON

Procurez-vous un petit flacon muni d'un spray et versez à l'intérieur les ingrédients suivants : un verre d'eau de source ou distillée, une demi-cuillerée à café d'eau d'hamamélis, une cuillerée à café de glycérine végétale, deux cuillerées à café d'huile d'amande douce, deux gouttes d'huile essentielle de sauge sclarée et deux gouttes d'huile essentielle de cyprès et, enfin, deux cuillerées à café de bicarbonate. Mélangez le tout. Vaporisez sur les aisselles ou les pieds et laissez sécher avant de vous habiller.

Animaux

Le bicarbonate, fidèle poudre à tout faire, convient aussi pour les animaux de compagnie. Employez de préférence du bicarbonate alimentaire pour le shampoing et les soins, réservez le « technique » pour le nettoyage.

PANIERS ET LITIÈRES

- **Pour nettoyer :** les coussins et couvertures se lavent en machine. La litière en plastique se nettoie avec une solution composée d'un demi-verre de bicarbonate et d'autant de savon liquide, dilués dans cinq litres d'eau chaude. Pour un panier en osier, aspirez ou brossez d'abord pour retirer la poussière. Mélangez ensuite deux cuillerées à soupe de **bicarbonate** avec autant de **savon liquide**, nettoyez avec une éponge bien essorée. Rincez et laissez sécher.
- **Pour désodoriser :** pour éviter les odeurs désagréables, tapissez le fond de la caisse du chat d'une couche de bicarbonate avant de verser la litière propre, ou mélangez deux cuillerées à soupe de bicarbonate au gravier.

SACS DE TRANSPORT

Les caisses en plastique se nettoient facilement, mais les sacs souples sont plus difficiles à entretenir. S'ils ne passent pas en machine, ôtez les traces les plus importantes avec une solution composée d'une cuillerée à soupe de **bicarbonate** et d'autant de **vinaigre blanc**, rincez avec une éponge et laissez sécher. Si les odeurs n'ont pas complètement disparu, saupoudrez de bicarbonate, faites pénétrer, laissez agir une heure et aspirez.

CAGES ET VOLIÈRES

Pour désinfecter le plateau et les barreaux de la cage des oiseaux et des rongeurs, lavez-les avec une éponge imprégnée de bicarbonate et de savon liquide, n'oubliez pas de rincer. Alternez avec de l'eau de Javel, plus puissante, mais plus agressive.

Argenterie

Pour redonner du brillant à votre argenterie, essayez les astuces suivantes, elles vous éviteront de faire appel aux produits nocifs du commerce.

DÉSOXYDER AU BICARBONATE ET AU GROS SEL

Dans un premier temps, tapissez l'intérieur d'une casserole, ou d'une bassine en plastique, de papier d'aluminium. Remplissez le récipient d'eau très chaude (mais pas bouillante), diluez trois cuillerées à soupe de bicarbonate et une cuillerée de gros sel (pour un litre et demi d'eau). Laissez tremper pendant une heure. Ne mettez pas trop de pièces d'argenterie à la fois : pour obtenir un meilleur résultat, il est préférable qu'elles ne se touchent pas.

Si l'effet n'est pas satisfaisant, polissez ensuite les objets avec une pâte composée d'eau, de bicarbonate et de sel fin. L'oxydation disparaît alors très facilement. Rincez et faites briller avec un chiffon doux. **Pour les bijoux ciselés et les objets anciens**, effectuez un essai préalable sur une petite surface, car le résultat est parfois un peu trop brillant.

FAIRE BRILLER DANS UN BAIN DE VINAIGRE BLANC

• **Les pièces d'argenterie :** à condition de vous montrer très patient, un bain de vinaigre blanc pur redonne progressivement son beau brillant à l'argenterie. Les éventuelles taches noires, elles, seront éliminées avec un chiffon imprégné de vinaigre bien chaud.

• **Les bijoux :** ne craignez pas de nettoyer vos bijoux en argent ou en or en les laissant tremper quelques instants dans du vinaigre (vous pouvez renouveler le trempage si le besoin s'en fait sentir). Mais évitez absolument de l'employer pour raviver les opales, les turquoises et les matières d'origine organique (perles, ambres, etc.).

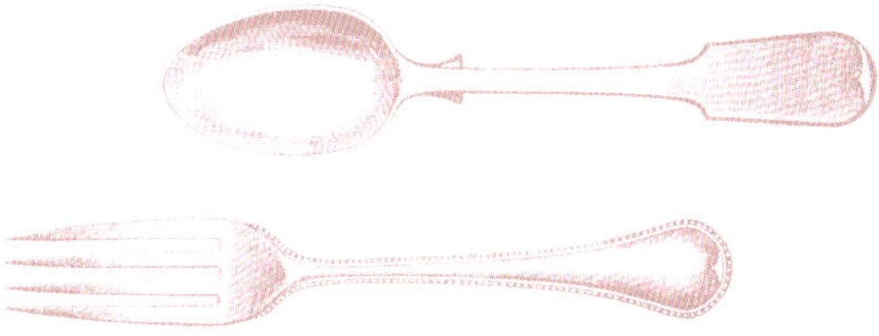

Calcaire

Tout objet en contact fréquent avec de l'eau est susceptible de s'entartrer, surtout si celle-ci est très calcaire. Le vinaigre, par sa richesse en acide acétique, reste le moyen le plus efficace de lutter contre ces dépôts tenaces.

DU VINAIGRE BOUILLI POUR LES CASSEROLES

La solution la plus efficace est de verser une bonne dose de vinaigre blanc au fond de la casserole, d'ajouter de l'eau et de faire bouillir. L'odeur du vinaigre sur le feu n'est pas très agréable, mais vos casseroles retrouveront meilleure apparence.

DU VINAIGRE ET DU SEL POUR LES CARAFES

Pour récupérer une carafe ou une bouteille en verre très encrassée, remplissez-la jusqu'au premier tiers de vinaigre blanc et ajoutez une poignée de gros sel. **Secouez énergiquement**, ajoutez de l'eau et laissez agir quelques heures. Puis, rincez plusieurs fois à l'eau claire et faites sécher à l'envers pour éviter l'entartrage.

VINAIGRE ET BICARBONATE POUR LES TOILETTES

Pour détartrer le fond de la cuvette, versez une casserole d'eau bouillante comprenant trois tasses de vinaigre blanc, et frottez énergiquement. Si les résultats ne sont pas satisfaisants, frottez avec du bicarbonate de soude et laissez agir une nuit.

DU VINAIGRE BLANC PUR POUR LA ROBINETTERIE

Sur toutes les zones difficiles à atteindre (robinets, pommeaux de douche, etc.), qui sont aussi les plus encrassées, versez du **vinaigre blanc pur** et laissez agir au moins dix minutes avant de frotter. Si la base du robinet résiste à ce traitement, posez dessus un chiffon trempé de vinaigre chaud, patientez plus longtemps et frottez de nouveau avant de rincer et d'essuyer.

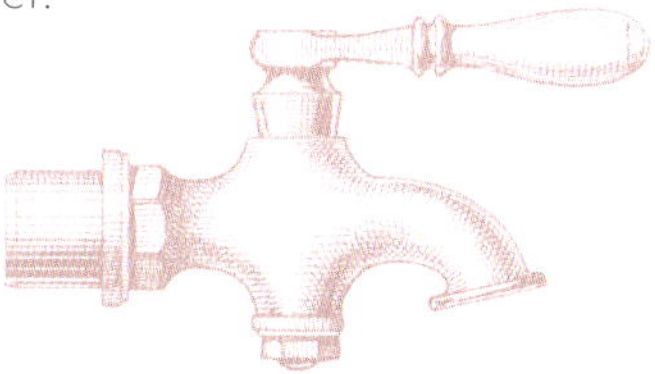

Casseroles et poêles brûlées

Comment décoller une carapace de pâtes carbonisées ? Un allié de choix existe : le bicarbonate ! Il ne vous évitera pas la phase de trempage, mais, par contre, il facilitera le nettoyage. Et vous n'abîmerez pas le fond de vos récipients !

SUR UNE ÉPAISSE COUCHE D'ALIMENTS BRÛLÉS

Versez trois ou quatre centimètres d'eau très chaude dans le fond du récipient, un demi-verre de **bicarbonate** et deux cuillerées à soupe de **vinaigre blanc**. Au contact du vinaigre, le bicarbonate produit des bulles qui vont aider à décoller les résidus. Laissez agir plusieurs heures ou, mieux, toute une nuit. Le lendemain, le dépôt partira facilement avec une spatule en bois ou un grattoir en plastique.

SUR DES TRACES RÉCALCITRANTES

Frottez avec de la pâte de bicarbonate ou une éponge humide imprégnée de poudre. Utilisez la même recette pour le « cul » des casseroles et des poêles sali par la cuisson.

POUR LES POÊLES ANTIADHÉSIVES

Si des aliments ont « attaché », évitez l'éponge grattante dont les effets collatéraux sont dramatiques pour le revêtement. Remplissez la poêle encore chaude d'eau tiède et diluez une cuillère à soupe de **bicarbonate**. Laissez agir quelques minutes, passez l'éponge et rincez. Votre poêle est propre et, en plus, ce traitement renforce ses propriétés antiadhésives.

Graisses

Qu'il s'agisse de la vaisselle, de la cuisinière ou du four, il est parfois difficile de lutter contre certaines traces de graisse récalcitrantes... Pensez alors au vinaigre.

POUR UNE VAISSELLE VRAIMENT PROPRE

En complément du liquide vaisselle, ajoutez un verre de **vinaigre blanc** dans une eau très chaude. Cela facilite grandement l'élimination des graisses sur les couverts, assiettes et casseroles. Par commodité, vous pouvez aussi verser trois cuillerées à soupe de vinaigre dans votre produit habituel.

POUR LES PAROIS DU FOUR ET LE GRIL

La paroi du four s'entretient au quotidien avec une éponge imbibée de vinaigre, et le gril, avec une boule d'aluminium trempée dans le vinaigre.

• **Pour les projections de graisse tenaces :** appliquez une pâte comprenant deux tiers de bicarbonate pour un tiers d'eau, laissez agir au moins une heure, voire une journée selon le degré de saleté, et rincez à l'eau vinaigrée.

• **Si votre four est très encrassé :** faites-le chauffer à température maximale pendant cinq minutes. Après l'avoir éteint, étalez sur les parois un mélange associant de la lessive en poudre diluée dans quatre fois son volume de vinaigre. Attendez quelques heures, grattez avec une spatule et rincez à l'eau vinaigrée.

AUTOUR DES PLAQUES ET DES BRÛLEURS

Le **vinaigre blanc pur** se montre bien utile pour se débarrasser des taches récalcitrantes de graisse ou de brûlé autour des plaques de cuisson électriques ou des brûleurs à gaz. Si ces derniers sont très encrassés, démontez-les et faites-les tremper une nuit dans du **vinaigre pur**, avant de bien les rincer à l'eau claire. Un dégraissage au vinaigre et à l'éponge convient également aux plaques en verre ou en vitrocéramique.

Humidité

Contre l'humidité, l'argile est un des alliés naturels les plus efficaces.

DES SACHETS D'ARGILE POUR GARDER AU SEC

Pour protéger de l'humidité étoffes, papiers ou matériel électrique rangés dans des valises ou des caisses, glissez à l'intérieur un ou plusieurs sachets d'argile (concassée ou en poudre). Pour ce faire, utilisez des filtres à café papier fermés par un point de colle ou un lien. Afin de parfumer vos vêtements ou votre linge, ou éloigner les mites, vous pouvez ajouter dans ces sachets d'argile quelques gouttes d'**huile essentielle** de lavande, de cèdre de l'Atlas, de myrte ou de vétiver.

UN ABSORBEUR D'HUMIDITÉ MAISON

Ce procédé convient à une pièce de petite taille, un placard ou une resserre. Prenez un bidon en plastique de cinq litres, coupez-le en deux, retirez le bouchon du goulot et renversez la partie supérieure, en entonnoir, sur la partie inférieure.

Tapissez l'intérieur de cet entonnoir d'un tissu en coton et remplissez de 250 à 300 g d'argile en morceaux, grossièrement pilée. **L'argile va s'imprégner de l'humidité ambiante** et se gorger d'eau qui s'écoulera au fond de la bouteille. Vous n'avez plus qu'à vider la bouteille quand elle est pleine et à remplacer la terre dès qu'elle est trop humide.

ASSÉCHER AVEC DE LA LITIÈRE POUR CHAT

Pour absorber l'humidité sur le sol d'une cave ou d'un garage, répandez de la litière à chat. La méthode est efficace, mais si elle assèche le lieu de façon temporaire, elle ne résout pas pour autant le problème, dont il convient de chercher la cause.

Jardin

Biodégradable et non toxique, le bicarbonate a évidemment sa place au jardin. Il atténue l'acidité du sol, souvent responsable du développement des parasites et autres champignons. Le citron, lui, contient des substances biochimiques très efficaces pour repousser les insectes.

DU BICARBONATE CONTRE L'OÏDIUM ET LE MILDIOU

Ces champignons sont les grands ennemis des rosiers et de la vigne (entre autres). Dès les premiers signes, ou à titre préventif, diluez deux cuillerées à café de bicarbonate dans deux litres d'eau. Pulvérisez sur les feuilles le soir ou le matin par temps sec, deux fois par semaine.

UN MÉLANGE À L'HUILE D'OLIVE

La recette suivante fait grossir les fleurs, les fruits, les légumes, et fait reverdir les feuilles. Mélangez une cuillerée à café de bicarbonate et quatre cuillerées à soupe d'huile d'olive dans un demi-litre d'eau. Pulvérisez deux à trois fois par semaine.

DU CITRON OU DU BICARBONATE CONTRE LES PUCERONS

Diluez une cuillerée à café de **bicarbonate** et trois cuillerées à soupe d'**huile d'olive** dans un demi-litre d'eau. Pulvérisez ce mélange quatre à cinq fois par semaine sur les feuilles et les tiges. Vous pouvez aussi en arroser la terre.

Utilisez un pulvérisateur rempli d'eau et de jus de citron (un quart d'eau pour trois quarts de jus de citron). Les morceaux de **citron moisi** au pied des plantes sont également efficaces. Ils éloignent les fourmis, qui élèvent les pucerons afin de récupérer ensuite le miellat qu'ils sécrètent.

Mauvaises odeurs

Les désodorisants vendus dans le commerce sont loin d'être inoffensifs, tant pour la santé que pour l'environnement. Remplaçons donc aérosols et diffuseurs de parfums par des produits non toxiques.

DU BICARBONATE POUR TOUS VOS OBJETS

- **Pour la poubelle :** après avoir nettoyé le container à ordures (grand ou petit), saupoudrez une couche de bicarbonate au fond. Vous pouvez aussi en répandre dans le sac plastique, à même les détritus.
- **Pour les cendriers :** mettez une pincée de poudre au fond avant usage, ou si vous les videz sans avoir le temps de les laver. Nettoyez-les à l'eau et au bicarbonate.
- **Pour les placards :** si l'intérieur d'un placard sent le renfermé, voire le moisi, posez dedans un petit bol plein de bicarbonate, que vous changerez tous les deux mois.
- **Contre les odeurs de moisi :** livres et papiers sortis d'une cave ou d'un grenier sentent souvent

fortement le moisi, de même que certains objets ou jouets anciens impossibles à nettoyer. Enfermez alors le ou les coupables dans un sac en papier ou dans une boîte en carton avec du bicarbonate au fond. **Scellez avec de l'adhésif**, laissez agir pendant cinq ou six jours et l'odeur s'évanouira.

DU COTON VINAIGRÉ POUR VOS SOULIERS

Afin de désodoriser l'intérieur de vos chaussures, placez à l'intérieur un coton imbibé de vinaigre blanc.

DU VINAIGRE BLANC POUR L'AIR AMBIANT

Pour désodoriser une pièce entière, placez une casserole de vinaigre chaud au centre de l'espace concerné, ou mettez un bol de vinaigre froid sur chaque radiateur ou ajoutez quelques gouttes de vinaigre dans un humidificateur d'air.

Nuisibles

Le citron fait preuve d'une certaine efficacité dans la lutte sans merci qui nous oppose aux moustiques, fourmis et autres bestioles volantes ou rampantes. Cet agrume contient en effet des substances biochimiques capables de repousser les insectes.

DU CITRON CONTRE LES FOURMIS

Pour vous débarrasser des fourmis, laissez moisir une moitié ou un quart de citron sur leurs points de passage. Vous pouvez aussi arroser leur trajet de jus de citron.

GIROFLE ET AGRUMES CONTRE LES MITES

La tâche est ardue. Il faut empêcher les mites adultes de pondre et éliminer les larves, car ce sont elles qui dévorent les textiles. Éloignez les insectes en déposant dans les placards et les tiroirs des sachets de mousseline remplis d'**écorces de citron ou d'orange** et de **clous de girofle**. Pour vous débarrassez des larves, nettoyez régulièrement les placards, dépliez et secouez souvent les vêtements.

Utilisez des housses pour ranger pulls et manteaux pendant l'été.

UN RÉPULSIF CITRONNÉ

Si vous en avez assez que votre félin favori s'attaque à vos plantes d'intérieur, essayez le citron. Généralement, les chats détestent l'odeur de cet agrume. Déposez quelques écorces sur la terre des pots ou des jardinières, vous protégerez vos plantes… et votre animal, car certains végétaux sont toxiques.

UN POT-POURRI POUR VOS PLACARDS

Parfumez vos placards, tout en éloignant les insectes nuisibles, en remplissant une coupelle d'écorces et de rondelles de citron séchées au four et de quelques clous de girofle.

Plastique

Le plastique culinaire a beaucoup d'avantages et quelques inconvénients. Il conserve les odeurs et on a bien du mal à le nettoyer quand il a été en contact avec des aliments gras.

BICARBONATE ET LIQUIDE VAISSELLE POUR LES BOÎTES

Laissez tremper dans l'évier les boîtes et autres ustensiles avec quatre cuillerées à soupe de bicarbonate et une cuillerée à café de liquide vaisselle pour un litre d'eau chaude.

Autre solution, remplissez vos boîtes d'eau chaude et ajoutez une ou deux cuillerées à café de bicarbonate et un peu de liquide vaisselle. Frottez avec une éponge, rincez à l'eau chaude et laissez sécher.

BICARBONATE ENCORE POUR LES PLANCHES À DÉCOUPER

Les planches à découper s'imprègnent souvent d'odeurs tenaces. En outre, les détritus s'incrustent dans les traces de couteau qui deviennent de vrais **nids de bactéries**. Saupoudrez abondamment de bicarbonate, laissez agir de cinq à dix minutes, frottez et rincez à l'eau chaude. Votre planche sera propre, désinfectée et désodorisée.

BICARBONATE ET VINAIGRE POUR LES BOUTEILLES

Les bouteilles en plastique (ou en verre) qui ont contenu de l'huile ou du vin sont difficiles à récupérer. Versez avec un entonnoir deux cuillerées à soupe de bicarbonate, autant de vinaigre d'alcool et remplissez la bouteille aux trois quarts d'eau chaude (mais pas bouillante). Secouez bien le mélange en maintenant votre main sur l'ouverture ! Laissez agir quelques minutes, secouez de nouveau et rincez à l'eau très chaude. Vos bouteilles seront comme neuves.

Siphons bouchés

Abstenez-vous, autant que possible, d'utiliser les déboucheurs chimiques du commerce. Souvent à base de soude, ils sont dangereux pour les tuyauteries et pour l'environnement.

BICARBONATE, GROS SEL ET VINAIGRE BLANC

Versez dans le trou un verre de bicarbonate de soude (ou de cristaux de soude si l'évacuation ne se fait plus du tout), un verre de gros sel et un verre de vinaigre blanc. Aspirez une ou deux fois avec une ventouse en caoutchouc pour mélanger tous les ingrédients et laissez agir une demi-heure.

ASTUCE

Pensez à poser une grille à mailles fines sur le trou d'évacuation. Cette précaution empêche que des débris divers ne s'accumulent dans le siphon.

Versez de l'eau bouillante et ventousez encore, en prenant soin d'obturer le trou du trop-plein. En général, ce procédé s'avère aussi efficace et bien moins toxique que les produits industriels.

QUAND L'ÉVIER SENT MAUVAIS

Versez deux cuillerées à café de bicarbonate dans le trou de l'évier. Attendez un quart d'heure et faites couler de l'eau chaude. Si cela ne suffit pas, versez une demi-tasse de bicarbonate et laissez agir toute la nuit.

Taches et textiles lavables

Avant tout, il faut intervenir le plus vite possible. Une tache qui a été lavée (ou, pire encore, repassée) est fixée. Utilisez de l'eau froide ou tiède (ou chaude pour les graisses) et tamponnez sans frotter, de l'extérieur vers l'intérieur.

QUAND UTILISER LE BICARBONATE ?

• **Graisses :** pour éliminer les taches grasses (huile, beurre, sauce, maquillage), mouillez à l'eau tiède ou chaude et appliquez du bicarbonate en poudre ou en pâte avant le passage en machine.

• **Fruits et autres :** pour les taches de confiture, de café, d'œuf, de chocolat ou de vin, mouillez à l'eau froide, étalez du bicarbonate en pâte, tamponnez et laissez sécher avant de laver.

QUAND PRIVILÉGIER LE CITRON ?

• **Blanchir le coton :** laissez tremper le linge pendant une dizaine de minutes dans un lavabo ou une bassine contenant de l'eau bouillante citronnée (prévoyez deux citrons par litre d'eau).

• **Encre :** si elle est indélébile, il y a peu d'espoir. S'il s'agit d'un feutre ou d'encre moins résistante, épongez l'excès avec un papier absorbant, puis tamponnez avec un coton imbibé d'eau citronnée.

• **Rouille :** imbibez le tissu de jus de citron et saupoudrez de sel fin. Faites pénétrer en frottant un peu, laissez agir une heure avant de rincer et de laisser sécher. S'il reste une trace, répétez l'opération.

QUAND PRÉFÉRER LE VINAIGRE BLANC ?

• **Chewing-gum :** posez d'abord le tissu sur un glaçon. La gomme devrait alors durcir et s'enlever plus facilement. Frottez ensuite avec du vinaigre dilué.

• **Herbe, cola ou bière :** frottez avec du vinaigre pur et laissez agir une heure avant de laver en machine. Cette option vaut pour toutes les taches tenaces dont celles de moutarde, de teinture à cheveux, etc.

Taches et nettoyage à sec

Il existe plusieurs solutions pour le nettoyage à sec, mais tout dépend de la nature du support et de la tache. Par précaution, faites toujours un essai sur un coin peu visible.

DU BON USAGE DE LA TERRE DE SOMMIÈRES

Cette argile se trouve notamment dans les boutiques de produits biologiques. Elle se montre surtout efficace sur les **taches grasses**, mais elle agit également sur les taches de **vin rouge**, de **peinture à l'huile** ou même de **cirage**. Elle convient aux supports fragiles et difficiles à nettoyer, comme la **soie** ou les tissus d'ameublement, le **daim** ou le **cuir**, les meubles d'ébénisterie ou les parquets, le marbre, la terre cuite, le granit ou le béton ciré. Son avantage : elle ne laisse aucune trace.

Intervenez le plus vite possible pour éviter que la tache ne sèche. Tamponnez l'excédent de matière avec un buvard ou raclez délicatement avec une lame de couteau, de l'extérieur vers l'intérieur, pour ne pas étaler la salissure. Saupoudrez abondamment la zone concernée d'argile en poudre, laissez agir pendant deux ou trois heures, retirez le plus gros en aspirant sans appuyer et brossez pour éliminer le reste.

DU BICARBONATE SUR CERTAINS TISSUS

Pour faire disparaître une tache sur des textiles ne tolérant pas l'eau : saupoudrez le bicarbonate sur la surface concernée, faites pénétrer, laissez agir une heure et aspirez ou brossez pour éliminer toute trace de poudre.

Verres et vitres

Pour le nettoyage courant de toutes les surfaces en verre, qu'il s'agisse des carreaux de fenêtre, des miroirs ou du plateau en verre d'une table basse, bicarbonate de soude [qui dégraisse] et vinaigre blanc [qui protège et fait briller] s'avèrent très efficaces.

VERRE ET CRISTAL

- **Pour redonner au verre tout son éclat,** versez une cuillerée à soupe de vinaigre blanc et une cuillerée à soupe de sel dans votre eau de vaisselle.
- **Pour le cristal,** n'utilisez de préférence que de l'eau froide mélangée à du vinaigre blanc puis essuyez rapidement.

POUR LES CARREAUX

Diluez un verre de **vinaigre d'alcool** et deux ou trois cuillerées à soupe de **bicarbonate** dans deux litres d'**eau chaude**. Frottez les carreaux avec une éponge bien imbibée, ce mélange effervescent permet de décoller les saletés et de dissoudre les graisses sans effort. Utilisez une **raclette en caoutchouc** pour éliminer l'excédent d'eau sur les vitres et finissez avec un tampon de papier journal froissé.

Le résultat est impeccable. Après avoir essayé, vous renoncerez à vos produits habituels, ce qui débarrassera vos placards et soulagera votre porte-monnaie !

POUR LE PARE-BRISE

Pare-brise, vitres et rétroviseurs se nettoient comme les carreaux. Seule particularité, les éventuelles traces de colle liées au changement des vignettes (contrôle technique, assurance) : elles se dissolvent facilement avec du vinaigre chaud. Pour parfaire le tout, passez un chiffon imprégné de vinaigre sur le caoutchouc des essuie-glaces.

OÙ SE PROCURER...

- L'argile : tous les types d'argile cités dans cet ouvrage sont disponibles en pharmacie, parapharmacie et dans les magasins bio.
- Le bicarbonate de soude : il se trouve au rayon sel ou farine des supermarchés, dans les magasins bio et en pharmacie.
- Le vinaigre blanc : il se trouve au rayon vinaigre des supermarchés et dans les magasins bio.

Crédits photographiques

DESSINS

© Larousse

PHOTOGRAPHIE EN COUVERTURE

© Larousse/Olivier Ploton

PHOTOGRAPHIES GARDES

©collection iStockphoto/Thinkstock

Photogravure IRILYS
Imprimé en Italie par L.E.G.O. S.p.A., Vicenza
Dépôt légal : janvier 2012
306710/01 - 11014263 - décembre 2011